Laignel

au citoyen

Louis-Napoléon-Bonaparte.

Au Citoyen

Louis-Napoléon Bonaparte

PRÉSIDENT DE LA RÉPUBLIQUE FRANÇAISE DÉMOCRATIQUE,

dans les intérêts

DES ENFANTS ORPHELINS ET DES ENFANTS ABANDONNÉS

illégalement

La 1ère Feuille a été déclarée 24 Juillet 1849, le Récépissé cette déclaration porte le Numéro f141.

L'Ouvrage ne se termine pas dans notre Imprimerie.

1852

Marine française.

SE TROUVE

PLACE DE LA MADELEINE, SALON DE LECTURE, N° 10.

1849.

38131

... ...

Juillet 1852, à 5 heures du soir, en la paroisse S^t
Lambert

de Profundis.

De la part de son Fils & sa Bru; son petit Fils,
ses Neveux, Nièces, Cousins & Cousines

Imp. de Moutheny, à Verviers.

Au Citoyen

Louis-Napoléon Bonaparte

PRÉSIDENT DE LA RÉPUBLIQUE FRANÇAISE DÉMOCRATIQUE,

dans les intérêts

DES ENFANTS ORPHELINS ET DES ENFANTS ABANDONNÉS

illégalement

TRADUITS A LA POLICE CORRECTIONNELLE,

et encore plus illégalement

CONDAMNÉS PAR CE TRIBUNAL A LA DÉTENTION,

sous le prétexte de vagabondage.

Par l'ancien cap^e de vaisseau G. LAIGNEL ,

auteur d'un projet d'institution navale gratuite en faveur des enfants de **Paris**
peu favorisés de la fortune, et d'un écrit intitulé : TOUJOURS TOUT
POUR LE RICHE , JAMAIS RIEN POUR LE PAUVRE.

———

**Les Vagabonds sont ceux qui n'ont ni domicile certain ni moyens
d'existence. (Art. 270 du Code pénal.)**

« Les enfants dont l'éducation est confiée à la charité publique
sont : 1° les enfants trouvés ; 2° les enfants
abandonnés ; 3° les orphelins pauvres...... Parvenus à
l'âge de douze ans, les enfants mâles en état de servir
sont mis à la disposition du ministre de la marine. »
(art. 1 et 9 du décret imp. du 19 janvier 1811.)

«LA SOCIÉTÉ FOURNIT L'ASSISTANCE AUX ENFANTS ABANDONNÉS.»

(ART. 13 de la Constitution de la République française, jurée le
20 décembre 1848, par le citoyen LOUIS-NAPOLÉON BONAPARTE,
élu Président de la République par 5,975.000 Français !)

PRIX : **25** CENTIMES,

Avec l'écrit intitulé : *Napoléon vengé par l'état actuel de la
Marine française.*

SE TROUVE
PLACE DE LA MADELEINE, SALON DE LECTURE, N° 10.

———

1849.

A MESSIEURS LES MAGISTRATS

Chargés du Ministère public près les tribunaux du département de la Seine.

———————

Messieurs les Magistrats,

Plusieurs personnes auxquelles j'ai donné communication de l'Écrit que je publie ici m'ont témoigné des craintes que quelques-uns de ses passages ne fussent considérés par vous comme étant des trangressions aux prescriptions de la loi récemment rendue sur la liberté de la presse.

Je ne suis point assez profond jurisconsulte, Messieurs les Magistrats, pour être entièrement rassuré à cet égard. En conséquence, je crois devoir commencer par vous informer que je mets cet Écrit sous la protection, d'abord de l'axiome admis en justice; « *que l'intention fait le crime,* » et 2° de l'article 5 du préambule de la Constitution de la République, lequel porte : « qu'elle reconnait des droits et des devoirs antérieurs et supérieurs aux lois positives. »

C'est en me plaçant sous cette protection, Messieurs les Magistrats, que je publie l'Écrit qui suit, et que je vous prie de me croire, avec un profond respect,

Messieurs les Magistrats,

Votre très humble et très obéissant concitoyen,

G. LAIGNEL,

Capitaine de vaisseau en retraite,
Officier de la Légion d'Honneur, etc., etc.

A Monsieur le Président

DE LA RÉPUBLIQUE FRANÇAISE.

MONSIEUR LE PRÉSIDENT ,

Dans le cours de la détention que vous avez subie *au fort de Ham*, PAR SUITE D'UN JUGEMENT, vous daignâtes adresser à votre honorable ami, *M. Vieillard*, une lettre dont un extrait, qui me fut remis, était ainsi conçu :

« J'ai lu avec la plus vive satisfaction l'intéressant
» écrit du capitaine Laignel, ayant pour titre :
» L'EMPEREUR NAPOLÉON ET LA MARINE FRANÇAISE; je
» vous prie de lui en faire compliment de ma part.
» S'il y avait beaucoup d'hommes comme lui, qui
» sussent ce que l'empereur NAPOLÉON a fait, et
» voulussent le proclamer, la gloire de l'empire se-
» rait comme le soleil, éclatante, et visible pour
» tous ceux qui ont des yeux. Dites-lui que sa bro-
» chure m'a rempli d'estime et de sympathie pour
» son auteur. »

Et c'est en me souvenant de votre lettre, Monsieur le Président, que je me détermine à prendre aujourd'hui la liberté de vous adresser la présente; en même temps qu'au besoin c'en serait ma justification.

Ce souvenir, Monsieur le Président, est resté d'autant plus profondément gravé dans ma mémoire, que d'abord il n'a point cessé de me rappeler les efforts que je venais de faire pour que l'Empereur ne fût pas toujours spolié des droits qu'il avait acquis à la reconnaissance de la marine française; que se-

condement, il m'a constamment soutenu dans ceux de
ces efforts que je n'ai point encore *renoncé* à faire
pour ce qui me semble être les véritables intérêts de
notre armée navale; que, troisièmement, *il m'a
continuellement rappelé,* Monsieur le Président, *la gé-
nérosité avec laquelle vous accueillîtes ces efforts;* que,
quatrièmement enfin, j'y puisais l'espérance que
si jamais vous en aviez le pouvoir, monsieur le Président, vous accueilleriez de nouveau ces efforts,
en contribuant, autant qu'il pourrait dépendre de
vous, à faire rendre à l'Empereur cette justice qui
lui avait été si longtemps ainsi que si souvent refu-
sée, et à laquelle il a de si grands et de si incontestables droits auprès de la marine française(1)!

Aussitôt votre avènement à la présidence de la
République, monsieur le Président, j'ai par conséquent dû croire que cette espérance allait se réaliser,
et que, vous souvenant de l'accueil que vous aviez
fait aux preuves que j'avais données de ces droits acquis par l'Empereur, vous n'auriez pas tardé à y
en ajouter vous même de nouvelles en vous atta-
chant à développer ainsi qu'à *perfectionner,* autant
que possible, celles des institutions auxquelles
l'Empereur était redevable de ces droits, et qui,
entre autres, concernaient, 1° la discipline à bord
des bâtiments de guerre; 2° le moyen de fournir à la flotte le personnel dont elle est dans le cas
d'avoir besoin, et 3° un conseil éclairé sur les intérêts de la marine auprès du ministre de ce département.

Telles ont été dans tous les temps, monsieur le
Président, et telles ne doivent pas cesser d'être,

(1) Il est à remarquer qu'il vient de paraître un ouvrage publié sous le titre : *Histoire de l'empereur Napoléon,* par M. Lau-
rent (de l'Ardèche), et qu'on n'y trouve pas l'indication d'une
seule des *inappréciables* institutions que l'Empereur avait données à la marine française!!!

les trois principales institutions qui peuvent être
nécessaires à la marine française. Aussi telles ont été
celles dont l'Empereur avait reconnu la nécessité, *et
telles ont été celles dont il s'est efforcé de la faire
jouir.*

A la vérité, Monsieur le Président, l'Empereur
n'a pas régné assez longtemps sur la France pour
que ces institutions aient eu le développement et
surtout la *perfection* qu'il leur aurait donnée, s'il
avait pu s'en occuper *en temps de paix* (1); mais toujours est-il certain que la marine française les pos-
sède aujourd'hui; QUE C'EST A L'EMPEREUR
QU'ELLE EN EST REDEVABLE (2), et qu'il leur
avait donné des racines assez profondes, ainsi qu'assez fortes pour qu'il fût possible à ceux à qui il pouvait être réservé de recueillir cette portion de son
héritage, de leur faire atteindre aussi promptement
que facilement la perfection dont elles sont suscep-
tibles; mais à laquelle on ne peut méconnaître

(1) Voici comment NAPOLÉON comprenait la paix :
« A Amiens, disait-il, je croyais de très bonne foi le sort de
» la France, celui de l'Europe et le mien fixés. *C'est le cabinet
» anglais qui a tout rallumé;* C'EST A LUI QUE L'EUROPE DOIT
» TOUS LES FLÉAUX QUI ONT SUIVI : LUI SEUL EN EST
» RESPONSABLE. Pour moi j'allais me donner uniquement à
» l'administration de la France, ET JE CROIS QUE J'EUSSE
» ENFANTÉ DES PRODIGES !! Je n'aurais rien perdu du côté
» de la gloire, mais j'eusse beaucoup gagné du côté des jouis-
» sances ! » (Extrait du *Mémorial de Sainte-Hélène,* cité dans
» le journal *la Presse* du 5 juillet dernier.)

(2) Il est assez remarquable que dans un ouvrage imprimé à
l'Imprimerie royale, en 1848, et imprimé aux dépens du budget de la marine, par un de ses historiographes, sous le titre de
Précis historique de la Marine française, on nie à l'Empereur
la création des principales institutions qu'il avait données à la
marine, pour en attribuer l'honneur aux gouvernements des rois
Louis XVIII, Charles X et Louis-Philippe.

qu'elles ne pouvaient parvenir qu'avec le temps et de l'expérience.

Au mois de mai 1798, Monsieur le Président, le GÉNÉRAL BONAPARTE (qui n'était pas encore L'EMPEREUR NAPOLÉON), se rendit à Toulon pour prendre le commandement de l'expédition d'Égypte. A son arrivée dans ce port, il se fit présenter le corps des officiers de la marine, et dans l'entretien qu'il eut avec eux, il leur adressa ces paroles : « *Les* » *pertes de la Marine française*, Messieurs, *ne doivent* » *point surprendre*; *les officiers n'ont point eu l'auto-* » *rité suffisante pour se faire respecter !* PAR TERRE » UNE ARMÉE INDISCIPLINÉE PEUT QUELQUEFOIS ÊTRE » VICTORIEUSE, PAR MER JAMAIS (1)!!! »

A cette époque, Monsieur le Président, le Code pénal pour l'armée navale était celui décrété en 1790 par l'Assemblée nationale, qui y avait introduit *le jugement par jury*, et c'était à ce mode de rendre la justice que le GÉNÉRAL BONAPARTE faisait allusion. Aussi dès qu'il fut en position d'y remédier, s'empressa-t-il de le faire, par le décret impérial du mois de juillet 1806, qui supprime le jury en le remplaçant par un conseil de guerre ou un conseil de justice, mais toutefois en maintenant la pénalité du Code de 1790, qui n'a jamais cessé d'être appliquée dans l'armée navale, qu'au commencement de l'année dernière, en exécution de l'*arrêté du* GOUVERNEMENT PROVISOIRE, en date du 12 mars, ainsi conçu :

« Le Gouvernement provisoire, considérant que » le châtiment corporel dégrade l'homme; qu'il ap-

(1) Cette citation des paroles de BONAPARTE, adressées aux officiers de la marine, est extraite du journal anglais *The Naval Chronicle*, n° 88, dans un article intitulé : *Observations sur la supériorité de la Marine anglaise.*

» partient à la République d'effacer de la législation
» tout ce qui blesse la dignité de l'homme ; que
» c'est un bon exemple à donner au monde ; que la
» suppression des peines corporelles, en affermissant
» dans la marine le sentiment de l'honneur, ne peut
» que donner aux matelots une idée plus haute de
» leurs devoirs, et leur inspirer plus de respect
» encore pour eux-mêmes et pour les lois de la dis-
» cipline, décrète :

« Art Ier. *Les peines de la bouline, de la cale et des*
» *coups de corde sont abolis.* JUSQU'A UNE RÉVISION
» COMPLÈTE DU CODE PÉNAL MARITIME, ELLES SERONT
» REMPLACÉES PAR UN EMPRISONNEMENT
» DE QUATRE JOURS A UN MOIS DE
» CACHOT !!!! »

Assurément, Monsieur le Président, le Code impérial de 1806, en raison de la pénalité qui y était
maintenue, n'est plus celui qui doit aujourd'hui servir au maintien de la discipline dans l'armée navale,
puisque le personnel de cette armée est en partie
fourni par la conscription : mais si l'on fait attention que les équipages entretenus n'existaient
pas en 1806, et qu'à cette dernière époque on ne
pouvait pas prévoir que le personnel de ces équipages serait recruté par des jeunes gens *âgés de vingt
ans*, on ne peut contester que le décret de 1806 est
la preuve que non seulement NAPOLÉON appré-
ciait comme elle doit l'être la nécessité de la discipline dans l'armée de mer , mais encore qu'il était
intimement convaincu que cette discipline ne peut
exister dans cette armée qu'aux deux conditions
suivantes :

La première , que les atteintes portées à cette discipline doivent être punies par des peines non seulement de différentes espèces pour les différents délits,
et déterminées à l'avance, *mais surtout d'une application et d'une exécution possibles ;*

La seconde, que les officiers doivent avoir le droit et les moyens de se faire respecter !

Il n'est point permis de douter, Monsieur le Président, que si l'Empereur avait continué de régner en France, et avait reconnu la nécessité de recourir *à la loi de recrutement* pour satifaire aux besoins du personnel réclamé par l'armement des bâtiments de guerre qui étaient dans le cas d'être armés, *quoique en temps de paix*, il n'eût pas laissé s'écouler beaucoup d'années sans remplacer dans le Code pénal de la marine les peines prononcées par l'Assemblée nationale, en 1790, et maintenues dans le Code impérial de 1806, par d'autres peines qui eussent rempli les conditions qu'on vient de voir être indispensables dans un pareil code.

L'Empereur se fût gardé, Monsieur le Président, de laisser affecter, comme le Gouvernement provisoire l'a fait, à des délits aussi différents que la désobéissance et le vol, *la même espèce de peine* (**1**), qui à ce vice joignait encore celui de ne pouvoir être mise à exécution à bord du plus grand nombre des bâtiments de guerre qui pouvaient être armés, puisqu'il est de fait que si on excepte les vaisseaux de ligne, les frégates et les grandes corvettes, il n'en est aucun des autres à bord duquel il puisse y avoir un emplacement propre à faire un cachot ; de sorte que non seulement le matelot qui a simplement désobéi à un officier (2), et le marin qui a volé les effets de son camarade (3), ne sont punis que *de la même espèce de peine*, mais encore que ni l'un ni l'autre de ces délinquants ne peut être puni à bord de presque tous les bâtiments de guerre armés !!

(**1**) Quatre jours à un mois d'emprisonnement au cachot !

(2) Article 14 du Code pénal de 1790.

(3) Article 44 du même code.

Mais, Monsieur le Président, il y a encore autre chose à dire à ce même sujet.

C'est qu'il est indubitable que l'Empereur se serait opposé à ce que, *sous le prétexte de l'intérêt de la loi*, M. le Procureur général de la République près la cour de cassation eût pu provoquer la CASSATION de plusieurs jugements prononcés par des conseils de guerre maritimes *pour excès du pouvoir laissé à ces conseils par l'arrêté du 12 mars*.

Il est probable, Monsieur le Président, que l'Empereur n'aurait pas contesté que cette cassation était justement demandée ; mais il ne se serait pas dissimulé qu'elle devait porter un grand préjudice au *respect* dû aux officiers qui avaient composé ces conseils de guerre, puisqu'elle avait été la preuve qu'ils ne connaissaient ni les lois dont l'application leur appartenait, ni les limites de l'autorité que ces lois leur donnaient !

En pareille circonstance, Monsieur le Président, si jamais elle se fût présentée, l'Empereur aurait COMMUÉ la peine que les conseils de guerre auraient prononcée en excédant leurs pouvoirs, par des peines qui auraient pu l'être si ces conseils s'étaient strictement conformés à l'arrêté ; et comme cette commutation de peines aurait été avantageuse aux condamnés, il est évident qu'elle aurait eu pour résultat :

D'abord que les condamnés ne s'en seraient pas plaint, par conséquent n'en auraient pas demandé la cassation : et ensuite que M. le procureur général de la République près la Cour de cassation n'aurait pas eu occasion de la demander, *sous le prétexte de l'intérêt de la loi !*

Que le Gouvernement provisoire de la République, jaloux de se faire l'honneur et le mérite d'avoir supprimé dans la marine française les châtiments corporels ; et que pour y parvenir, il n'ait pas apprécié, comme il aurait dû le faire, les nécessités d'une judicieuse ainsi que *sévère* discipline dans une armée navale; cela peut se concevoir, lorsque surtout on considère que l'arrêté de ce gouvernement ne devait être exécuté *que jusqu'à la complète révision du Code pénal maritime;* mais ce qui me semble inconcevable :

C'est d'abord que l'Assemblée nationale Constituante, pendant tout le temps qu'elle a été réunie, ne se soit pas occupée de mettre un terme à l'exécution de cet arrêté, soit en révisant le Code pénal maritime, soit en substituant à la seule peine qu'il prononce plusieurs autres peines plus convenables aux *différents* délits qu'elles doivent réprimer!

C'est ensuite que l'Assemblée nationale Législative actuelle, qui vient de faire annuler plusieurs arrêtés et décrets, tant du Gouvernement provisoire que de l'Assemblée nationale Constituante, n'ait pas fait ce qu'on vient de voir que cette dernière aurait dû faire!!

C'est enfin, Monsieur le Président, que depuis le 10 décembre dernier, le devoir qui était imposé aux deux Assemblées Constituante et Législative, ne soit pas encore rempli par vous-même; et que comme l'Empereur NAPOLÉON l'aurait infailliblement fait, vous n'ayez pas *commué* les peines prononcées par les jugements qui ont été cassés!!

Aurais-je à craindre, Monsieur le Président, de m'écarter du respect qui vous est dû, et dont je vous supplie de croire que je ne cesse point d'être animé, parce que je ne puis attribuer votre conduite à mon égard qu'à quelque calomnie dont j'aurai été victime auprès de vous, Monsieur le Président! Aurais-je à craindre, dis-je, de m'écarter de ce respect, et surtout de transgresser quelqu'une des prescriptions de la loi récemment rendue sur la liberté de la presse, en me permettant de dire ici qu'il me semble que sous votre Gouvernement, par respect pour la mémoire du général Bonaparte, la marine française ne devrait plus ·

aujourd'hui être soumise à l'arrêté du Gouvernement provisoire, ni les jugements prononcés par ses conseils de guerre cassés *pour excès du pouvoir laissé par cet arrêté ?*

Je ne le crois pas, Monsieur le Président, et si je me permets de tenir hardiment ce langage, c'est que j'espère, d'abord, qu'il appellera sérieusement votre attention sur l'urgente nécessité dans laquelle l'armée navale de la France se trouve *de ce nouveau Code pénal que je n'ai point cessé de solliciter depuis plus de douze ans*, non seulement approprié aux mœurs ainsi qu'aux idées du siècle, mais surtout à la destination qui, chaque année, est faite à cette armée d'un certain nombre de jeunes Français forcés de venir au service par la loi annuelle du recrutement.

C'est ensuite, Monsieur le Président, parce que je crois qu'il devra placer M. le ministre de la marine, non seulement dans l'impossibilité de rester plus longtemps sans satisfaire à ce pressant besoin de l'armée navale, mais surtout dans l'obligation de remédier promptement au vice de l'arrêté du Gouvernement provisoire du 12 mars.

C'est troisièmement, M. le Président, parce que dans l'année 1857 j'avais publié le Code pénal de la marine anglaise (*traduit en français*), en le faisant précéder d'une pétition adressée aux deux chambres du corps législatif, dont le but était de faire obtenir à l'armée navale le Code pénal qui lui était devenu si nécessaire ; et en faisant suivre cette pétition de l'annonce d'un projet de ce Code d'abord basé : 1o sur les droits de l'humanité ; 2o sur les lois de la justice ; 3o sur la nécessité d'une discipline dans cette armée : *mais en* supprimant : 1o la peine des fers sur le pont ; 2o celle des coups de corde frappés au cabestan ; 3o celle de la cale ! ! !

C'est quatrièmement, Monsieur le Président, parce que plus de douze ans se sont écoulés depuis que j'ai adressé et publié cette pétition ainsi que ce projet de

Code pénal, et que depuis ce temps le Conseil d'amirauté qui, chacune de ces douze années, n'a pas été composé de moins de sept membres, et pendant ces douze ans a coûté PRÈS DE DEUX MILLIONS, non seulement n'a pas donné à l'armée navale ce nouveau Code pénal, *mais même n'a pas une seule fois daigné faire le plus faible accueil à mon projet*, dont cependant l'adoption aurait prévenu l'arrêté du Gouvernement provisoire du 12 mars 1848.

C'est enfin, Monsieur le Président, parce que convaincu comme je le suis, des inappréciables avantages que la marine française doit, un jour à venir, recueillir des institutions que l'Empereur lui avait données, je ne puis renoncer à l'espoir de parvenir à vous convaincre vous-même, Monsieur le Président, que lorsque vous avez accepté la Présidence de la République, non seulement il était, comme il est *encore*, en votre pouvoir, mais aussi qu'il vous était comme il vous est *encore* facile de témoigner à l'armée navale l'intérêt dont l'Empereur lui avait donné des preuves, lorsqu'il avait créé pour elle les institutions sans lesquelles elle ne pourrait exister; mais principalement *la seconde* qui concerne « *le moyen de lui fournir le personnel en marins dont elle était dans le cas d'avoir besoin!* »

Voici, Monsieur le Président, ce que l'Empereur avait fait à ce sujet.

Le 11 février 1808, Monsieur le Président, l'Empereur NAPOLÉON écrivait au ministre de la Marine :

« Mon intention est que vous me présentiez un projet de décret pour former sur-le-champ huit équipages à Flessingues, six à Brest, trois à Toulon, trois à Rochefort et dix à Boulogne, ce qui forme en tout trente équipages.

» Voici la question à décider : 1° Les canonniers de la Marine feront-ils partie des équipages, ou continueront-ils à former des régiments à part? 2° Les régiments d'infanterie continueront-ils à fournir des garnisons, ou bien ces garnisons feront-elles partie des équipages? 3° Combien de classes et de grades de matelots composeront les équipages? 4° Enfin, quel est l'âge le plus favorable pour les conscrits pour passer de l'armée de terre à la marine?

» Il est important que vous me remettiez un projet général. Mon intention est d'entretenir cent équipages, sans comprendre les garnisons formant un effectif de 50,000 hommes : indépendamment de ce, d'avoir toujours sur chaque vaisseau 100 à 150 marins, provenant des classes, qui ne seraient point compris dans les équipages. Ce nombre serait plus ou moins considérable, selon que les présents sous les armes se rapprocheraient plus ou moins de l'effectif. »

C'était le 11 janvier 1808, Monsieur le Président, que l'Empereur adressait cette lettre au ministre de la Marine, et le 10 mars suivant, il décrétait : 1° qu'il serait formé, pour le service de la marine, 50 bataillons de la marine impériale; 2° que chacun de ces bataillons formerait l'équipage d'un vaisseau de 74 : et deux mois après, le 7 avril suivant, il décrétait la création de cinq bataillons de flotille.

Le 27 septembre 1810, Monsieur le Président, l'Empereur institua des écoles spéciales à Brest et à Toulon, destinées à fournir les jeunes Français qui pouvaient être appelés à devenir *officiers* dans l'armée navale.

Vers la fin de cette même année 1810, Monsieur le Président, l'expérience qui avait été faite depuis plus de deux ans des avantages que les bataillons de marine pouvaient procurer au service de l'armée navale, fit juger à l'Empereur qu'il fallait aviser au moyen de fournir à leur recrutement, et il chargea de ce travail le Conseil-d'Etat qui, le 10 décembre, par l'organe de M. de Caffarelly, ancien officier de la

marine royale, et ancien préfet maritime, le fit proposer à l'adoption du Sénat conservateur, par l'ex-
posé suivant :

» Nous sommes chargés, par Sa Majesté, de vous
proposer, Messieurs, un projet de sénatus-consulte,
dans lequel vous vous plairez à reconnaître le caractère d'utilité publique, de force et de prévoyance que
portent avec elles les vastes conceptions de Sa Majesté.

» L'Empire jouit d'une paix profonde ; les peuples
qui l'entourent, convaincus que la garantie la plus
sûre de leur repos se trouvera constamment dans
leur alliance avec le peuple français, resserrent tous
les jours les liens qui les unissent à lui, et semblent
ne faire qu'une même et grande famille, par leurs
sentiments envers l'auguste chef de la France.

» Et si les fureurs de l'Angleterre désolent encore
les extrémités de l'Europe ; si une portion égarée
d'une nation voisine agitée par les factions, méconn-
naît encore ses véritables intérêts, vous savez,
Messieurs, qu'il faut en chercher la cause dans les
perfides machinations de ce gouvernement ennemi
de l'Europe qui, repoussé et menacé de toutes parts,
n'a plus qu'un coin de terre où il lui soit permis de
souffler le feu de la discorde et des dissensions ci-
viles.

» L'Angleterre bloque les ports de l'Europe : elle
promène sur les mers ses navires frappés partout de
réprobation. Elle cherche des débouchés pour les
produits de ses manufactures entassés dans les magasins de ses habitants consternés. Son système cri-
minel est reconnu, ses trames sont déjouées ; les
nations savent enfin apprécier, et son alliance fatale,
et ses services désastreux.

» Au milieu du calme que Sa Majesté a rétabli
dans l'Empire et dans l'Europe, elle s'occupe de la
restauration de sa marine. *Son génie lui suggère les
moyens efficaces* de pouvoir opposer à ses enne-

mis sur les mers des armées nombreuses, animées comme ses vieilles et formidables phalanges du désir de conquérir enfin la paix universelle, les volontés de Sa Majesté étant toujours celles du destin, car la puissance et le génie ne veulent jamais envain.

» Déja, Messieurs, à la voix de Sa Majesté des établissements maritimes sont créés (1). Les côtes dont l'étendue s'est augmentée sont partout défendues par le courage et fertilisées par l'art. Les arsenaux sont approvisionnés des munitions nécessaires. Des vaisseaux s'élèvent dans nos ports, et nos flottes pourront un jour se mesurer avec les flottes ennemies et régner sur les mers.

» Mais pour armer ces vaisseaux, pour les conduire, Sa Majesté a senti le besoin qu'elle avait de marins expérimentés. Ceux qui sont maintenant sur les escadres ne suffiraient pas à la grandeur de ses projets. IL FAUT DES MOYENS NOUVEAUX POUR DES VUES NOUVELLES!!

» Le commerce et la pêche, qui fournissaient autrefois des marins pour l'État, sont aujourd'hui trop peu considérables : UNE NOUVELLE INSTITUTION doit s'élever incessamment pour subvenir aux besoins de la Patrie.

» A la voix de Sa Majesté, Messieurs, il va sortir des départements maritimes une foule de jeunes gens qui, ÉTANT A LA FOIS MARINS ET SOLDATS, se montreront les dignes émules de ceux qui ont élevé si haut la gloire des armes de l'Empereur.

» Nous allons développer devant vous, Messieurs, les bases de cette institution dont Sa Majesté attend les résultats les plus avantageux.

» L'Empereur a reconnu que le mode de conscription pourrait seul procurer à la marine les ressources en hommes dont elle a besoin ; mais il a senti que ce mode ne pouvait s'étendre à la généralité du terri-

_____

(1) Cherbourg et Anvers.

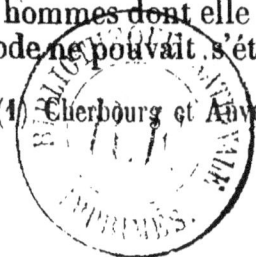

toire : car les affections des hommes sont, en général, le fruit des habitudes.

» Ainsi, le citoyen des villes de l'intérieur ne voit jamais la mer ni les marins : étranger à l'élément et à ce genre de vie, il ne s'en fait qu'une idée monstrueuse, et il préfère le service de terre pour lequel les innombrables victoires de nos armées ont déjà excité son premier enthousiasme.

» L'habitant des côtes, au contraire, entend dès ses premiers ans parler de marine. Autour de lui tout lui en présente l'image. Encore enfant, il joue avec cet élément sur lequel il bravera un jour les orages et les combats. Né sur les côtes voisines de celles de son ennemi, il sent la nécessité de les défendre, parce qu'il a à protéger sa famille, sa propriété ; il a plus que tout autre le sentiment de la résistance aux aggressions : *il est à la fois homme et citoyen* (1).

» C'est donc dans les départements maritimes que doit être fait le recrutement de la marine : c'est sur la ligne des côtes que doit être fait le choix des hommes destinés à servir sur mer.

» Mais le métier de la mer est sujet à tant de vicissitudes, de dangers, qu'il faut le commencer dès l'âge le plus tendre, où les organes sont dociles, le corps flexible, et où les habitudes se contractent sans peine. *Il faut que le marin s'accoutume de bonne heure au péril*, ET APPRENNE A LE BRAVER EN SE JOUANT ! !

» Les jeunes marins seront donc choisis dans l'âge *de treize à seize ans*. Plus jeunes, l'État jouirait trop tard de leurs services : PLUS AGÉS, LA CONSTITUTION PHYSIQUE DE L'HOMME NE SAURAIT SE PLIER QUE TRÈS-DIF-

(1) L'honorable M. le baron Hyde de Neuville, ancien ministre de la Marine, à jamais regrettable pour les véritables intérêts de l'armée navale, en défendant à la tribune des Députés la cause des anciens officiers de la marine, *scandaleusement spoliés des récompenses dues à leurs blessures*, s'exprimait en ces termes : « LE MARIN EST DEUX FOIS HOMME ! ! ! »

FICILEMENT A TOUS LES TRAVAUX IMPOSÉS AUX MARINS!

» Ici, nous devons vous faire connaître, Messieurs, une des belles pensées de l'Empereur : celle d'initier dès à présent ces jeunes conscrits à la carrière qu'ils sont destinés à parcourir.

» Sa Majesté a créé des équipages de vaisseau et des équipages de flottille : les premiers, composés de marins exercés maintenant sur les vaisseaux. Pour les autres, l'Empereur arme dans ses ports de petits bâtiments commandés par des officiers instruits, et sur lesquels on exercera aux manœuvres, au canonnage, au maniement des armes les jeunes marins que le sénatus-consulte que nous vous présentons appelle à l'honneur de servir la Patrie.

» Sans doute, Messieurs, l'expérience qu'ils acquiéreront dans la navigation des côtes et sur les rades ne sera pas aussi grande que celle que donneraient des expéditions lointaines ; mais ils se familiariseront par là avec leur état, ils en verront et vaincront les difficultés ; ils y prendront goût, par cela même qu'il leur présentera des obstacles qu'on leur fera surmonter ; et ils seront, dans peu d'années, à même de servir d'une manière utile sur les vaisseaux de Sa Majesté.

» En même temps que Sa Majesté projetait les moyens de se donner des marins, elle avait arrêté les mesures propres à former les officiers qui doivent les commander. Tout se lie dans ses conceptions : leur ensemble porte toujours l'empreinte du génie qui préside à la prospérité de l'Empire.

« *Voici le projet de sénatus-consulte !*

« Art. 1er. Les cantons littoraux des trente départements ci-après désignés cesseront de concourir à la conscription pour l'armée de terre et seront réservés pour la conscription du service de mer.

« Art. 2. Les trente départements dans lesquels les

arrondissements maritimes sont réservés, sont, etc.

» Art. 3. Dix mille conscrits de chacune des classes 1813, 1814, 1815, 1816 sont, dès à présent, mis à la disposition du ministre de la Marine.

» Art. 4. Le présent sénatus-consulte sera transmis par un message à Sa Majesté. »

Quelques jours après que M. le conseiller d'État Caffarelly eut présenté ce projet au Sénat conservateur, M. le comte de Bougainville, ancien officier-général de la marine royale, célèbre par le voyage autour du monde qui porte son nom, en fit son rapport au Sénat en s'exprimant en ces termes :

« Messieurs, votre commission spéciale a examiné avec la plus grande attention le projet de sénatus-consulte, relatif à la conscription maritime, et que vous lui avez renvoyé.

» Ce projet ne renferme que deux dispositions : l'une, par laquelle les cantons littoraux de trente départements désignés cesseront de concourir à la conscription pour l'armée de terre et seront réservés pour la conscription du service de mer; et l'autre, par laquelle 10,000 conscrits de chacune des classes de 1813, 1814, 1815 et 1816, sont, dès à présent, mis à la disposition de la Marine.

» Mais en rapprochant ce sénatus-consulte des motifs exposés dans les discours des orateurs du Conseil-d'État, votre commission a vu se développer, pour ainsi dire, sous ses yeux, UN VASTE PLAN DE CRÉATION ET D'ORGANISATION DE FORCES MARITIMES !

» L'Empereur veut faire par mer ce qu'il a fait par terre : conquérir la paix sur l'Océan comme il l'a conquise sur le continent Européen, *et assurer l'indépendance des pavillons.* Son génie a embrassé l'ensemble de ce système de perfectionnement et de création, et pour les choses et pour les hommes.

» Depuis longtemps, la France égale au moins les autres nations dans l'art des constructions navales :

l'Empereur a parlé, et cet art a créé dans nos ports de nombreux vaisseaux. De nouveaux chantiers ont été établis dans les endroits les plus favorables à ses vues profondes. Tout ce qui tient aux approvisionnements, tout ce qui est nécessaire, et pour construire, et pour gréer, et pour armer les bâtiments destinés à faire triompher le pavillon français, a été prévu et calculé dans ce plan immense et si digne de son auteur.

» Les mesures prises pour remplir les arsenaux et les magasins, plusieurs moyens d'y parvenir plus nombreux assurés pour l'avenir, un système de navigation intérieure faisant arriver par des canaux et des rivières tous les produits du Nord jusque dans nos ports de l'Ouest et ceux du Midi, montrent que rien n'a été oublié pour que le matériel de la Marine présente tout ce qui peut être nécessaire à l'accomplissement des projets de Sa Majesté et au développement de toute la force qu'elle veut déployer contre les ennemis de la liberté des mers.

« En réunissant à toutes ces mesures celles qui peuvent contribuer avec le plus de sûreté et de promptitude à perfectionner les talents et à augmenter l'expérience des officiers de la marine, Sa Majesté a voulu se hâter de former des matelots, et c'est pour ce dernier objet qu'un projet de sénatus-consulte vous a été présenté.

» Les jeunes marins que ce sénatus-consulte met à la disposition du ministre de la Marine ont l'âge où l'on contracte plus aisément les habitudes nécessaires au service maritime. Ils ont reçu le jour sur des rivages où, dès leur première enfance, tout a fait naître en eux le désir de suivre leurs pères sur les mers; et, par une disposition particulière que vous avez dû remarquer dans les discours des orateurs du Conseil-d'État, les jeunes conscrits, attachés à des équipages de flottille, auront déjà acquis, dans nos rades et près de nos côtes, l'expérience et l'industrie nécessaires pour braver les tempêtes et surmonter tous les obstacles, lorsqu'ils verront s'ouvrir devant eux cette carrière de gloire où se sont immortalisés les Jean Bart, les Dugay-Trouin, les Duquesne et les Tourville ! !

r Votre commission vous propose, A L'UNANI-MITÉ, d'adopter le projet de sénatus-consulte relatif à la conscription maritime (1). »

Dans le mois de février 1811, M. le Président, l'empereur qui, dans le mois de septembre précédent (2), avait fait examiner dans le Conseil-d'État le parti qu'on pouvait tirer de l'existence des enfants trouvés, abandonnés et orphelins, fit rendre, le CONSEIL D'ETAT ENTENDU, le décret du 19 janvier, dont les articles 9 et 24 sont ainsi conçus (3) :

« Art. 9. . . . . A l'âge de douze ans, les enfants mâles, en état de servir, seront mis à la disposition du ministre de la Marine.

(1) J'ai cru convenable de présenter ici dans toute leur étendue les rapports faits par M. le comte Caffarelly et par M. le comte Bougainville, d'abord parce que ces deux officiers, ayant appartenu, à ce qu'on avait jusqu'alors appelé la Marine royale, on s'abstiendra peut-être à l'avenir de prétendre que tous les officiers de cette Marine ont été sacrifiés par les Anglais, à Quiberon, etc. ;

Ensuite, parce qu'on ne voudra sûrement pas prétendre que ces officiers n'étaient pas aussi bons juges et appréciateurs aussi éclairés des véritables intérêts de l'armée navale que peuvent prétendre l'être les personnes auxquelles ces intérêts ont été confiés depuis le renversement de l'Empire ;

Et enfin, parce que cela va faire apprécier, comme ils méritent de l'être, LES VICES des mesures maintenant adoptées pour le recrutement des équipages entretenus ! ! !

(2) Voir aux Archives du Conseil-d'État le rapport fait à l'Empereur, le 18 septembre 1810, par M. le comte de Montalivet.

(3) Comme c'est ce décret qui fait l'OBJET SPÉCIAL de cet Écrit, il sera traité avec une certaine étendue à la fin.

» **Art. 24.** Notre ministre de la marine nous proposera incessamment un projet de décret, etc.

Le 21 mars de la même année 1811, Monsieur le Président, l'Empereur créa, dans chacun des trois ports d'Anvers, de Brest et de Toulon, *une école navale pratique*, sous le titre d'Écoles de seconde classe, destinées à former des officiers mariniers, des maîtres des diverses professions maritimes, etc., etc.

Enfin, M. le Président, le 18 mars 1813, l'Empereur voulant pourvoir à une organisation des équipages des vaisseaux, « *telle que le nombre des marins embarqués sur chacun d'eux y suffise aux services de la manœuvre, de l'artillerie et de la garnison,* » rendit, sur le rapport du ministre de la Marine, POUR L'ORGANISATION DES ÉQUIPAGES, un décret dont l'article 1er porte que la force des équipages de haut bord sera de neuf cent huit hommes pour les uns, et six cent quatre-vingt-dix-neuf pour les autres ; et dès cette année, l'armée navale possédait 86 équipages de haut bord, 24 équipages de flottille(1), indépendamment des équipages embarqués sur les petits bâtiments de guerre armés etc., *et de huit bataillons d'ouvriers de marine dont l'organisation avait été décrétée et faite dans le cours des années précédentes!!!*

Voilà, Monsieur le Président, ce que l'empereur NAPOLÉON avait fait, non seulement pour fournir à l'armée navale *le personnel* dont elle pouvait être dans le cas d'avoir besoin, mais encore pour procurer dans l'avenir à ce personnel UN RECRUTEMENT qui de-

(1) Voir l'*Annuaire de la Marine*, publié à la fin de 1813.

vait augmenter les ressources de l'inscription maritime, en même temps qu'il en allégerait l'onéreuse servitude qu'elle impose, en temps de paix, aux marins qui lui sont soumis.

Voilà, Monsieur le Président, « L'INSTITUTION NOUVELLE » que l'empereur avait créée pour donner à la France UNE AUGMENTATION DE FORCES MARITIMES destinées à assurer dans l'avenir l'indépendance des pavillons contre les ennemis de la liberté des mers, » et dont le Gouvernement Anglais avait si bien senti toute l'importance (1), que sa suppression fut indubitablement une condition secrète imposée au roi Louis XVIII, puisque l'ordonnance qui la prescrit fut rendue LE LENDEMAIN MÊME de la proclamation royale (2).

Toutefois, Monsieur le Président, telle était pour la France l'absolue nécessité de cette institution, que sa suppression ne tarda pas à faire sentir ses effets, au point que, dès l'année 1821, M. le baron Portal, qui depuis plus de deux ans qu'il était ministre de la marine, s'était constamment opposé à son rétablissement, fut obligé de le demander en déclarant « que depuis 1814, et surtout dans les dernières années, l'opinion publique s'était élevée et n'avait cessé de se faire entendre en faveur des équipages entretenus ; que dans les ports, dans les Chambres, on avait donné des regrets à une institution trop tôt et trop complétement abandonnée, et qu'on avait demandé qu'elle fût ressucitée » (3).

Mais, Monsieur le Président, comme le motif qui avait fait abolir cette institution, et l'autorité qui

(1) Un peu plus loin j'en donnerai les raisons et les preuves.

(2) La proclamation royale est datée des Tuileries, le 9 mai 1814, et l'ordonnance royale qui dissout les équipages entretenus est datée du *dix*

(3) Paroles consignées au budget de la marine pour l'exercice 1822, pages 15 et 16.

l'avait ordonnée n'avaient pas cessé d'exister, son rétablissement n'eut lieu qu'avec le projet bien arrêté de la rendre aussi nulle que possible.

Sans avoir aucun égard aux déclarations faites en 1810 par le conseil d'Etat, ainsi que par le Sénat conservateur qui avaient fait connaître LES MOYENS qu'il fallait employer pour qu'elle pût parvenir à remplir sa destination, on s'attacha à n'en employer que d'ABSOLUMENT CONTRAIRES!! C'est-à-dire qu'au lieu d'affecter au recrutement des équipages entretenus, la conscription *levée sur le littoral maritime de la France,* et FOURNIE PAR DES JEUNES MARINS DE TREIZE A SEIZE ANS, on affecta la conscription levée dans tous les départements de la France indistinctement (1) et fournie par des jeunes Français déjà AGÉS DE VINGT ANS RÉVOLUS!!!

Vainement, Monsieur le Président, dans le conseil d'Etat de l'Empereur on avait proclamé « que le citoyen des villes de l'intérieur qui ne voit jamais la mer ni les marins se fait du métier de la mer une idée monstrueuse, etc., » et « *que la constitution physique de l'homme qui a dépassé sa seizième année ne saurait se plier que très difficilement à tous les travaux imposés aux marins!* Vainement, dis-je, ces vérités, qui sont incontestables, avaient-elles été reconnues non-seulement dans le conseil d'Etat dont faisaient partie MM. le comte Gantheaume, le comte Caffarelly, le comte Najac et le baron Malouet, mais encore dans le sénat conservateur dont étaient membres MM. les amiraux de Bougainville, Thevenard, Morard de Galles, Claret de Fleurieu, et les comtes Redon et DESTUTT DE TRACY, elles n'ont pu faire aucune impression sur les VINGT-HUIT ministres qui ont été successivement appelés au départemement de la Marine depuis 1822 (2), non plus que sur les QUARANTE

(1) Voir le journal la *Flotte,* du 7 novembre 1841.

(2) Un peu plus loin, je vais donner leur nom et celui des quarante-trois membres de l'amirauté.

TROIS membres du Conseil d'amirauté qui, depuis plus de vingt-cinq ans (1), ont été chargés de conserver à la marine française cette inappréciable NOUVELLE INSTITUTION que (dans un temps à venir peu éloigné) la France reconnaîtra être *bien supérieure à celle de l'inscription maritime* (2).

Bien certainement, Monsieur le Président, les conseillers d'Etat et les sénateurs que je viens de nommer étaient d'aussi bons juges et des appréciateurs aussi éclairés des véritables intérêts de la marine française que peuvent prétendre l'être tous ces ministres, ainsi que tous ces membres du Conseil d'amirauté, et cependant PAS UN SEUL d'eux semble n'avoir voulu reconnaître ces vérités!!!

Aussi Monsieur le Président, qu'est-il arrivé?

C'est que depuis vingt-sept ans que le rétablissement de l'institution des équipages entretenus a eu lieu, le *Bulletin des Lois* fait connaître qu'il a été destiné aux équipages réunis plus de quarante mille conscrits âgés de vingt ans révolus (3)!

C'est ensuite que *pour chacun* de ces quarante mille hommes, le département de la Marine a supporté, PENDANT SEPT ANNÉES, la dépense de son apprentissage du métier de la mer !

C'est encore que cette dépense n'a produit aucun résultat utile à l'armée navale, puisqu'il est certain que cette armée ne compte pas *dix* officiers provenant de ces quarante mille hommes, et que l'inscription maritime n'en compte peut-être pas MILLE!!!

(1) Le Conseil d'amirauté a été créé au mois d'août 1824.

(2) Un peu plus loin j'en donnerai la preuve.

(3) Dans les numéros du *Bulletin des Lois* qui contiennent la répartition de la conscription depuis 1822, on trouve qu'il n'a pas été levé chaque année *moins de mille hommes* pour les équipages, et que, de la classe de 1824, il en a été levé *trois mille cent* ; de la classe de 1826, *sept mille trois cent soixante* ; et de la classe de 1827, *trois mille sept cent quarante-quatre*, ce qui fait, pour ces trois années seulement, QUATORZE MILLE DEUX CENTS HOMMES!!!

C'est enfin qu'il faudrait croire que tous ces messieurs ont méconnu cette grande vérité, hautement proclamée par le Conseil d'État de l'Empereur, ainsi que par le Sénat conservateur de l'Empire, « *que le métier de la mer est sujet à tant de vicissitudes, et de dangers, qu'il faut le commencer dès l'âge le plus tendre, où les organes sont dociles, le corps flexible, et où les habitudes se contractent sans peine ; qu'*IL FAUT QUE LE MARIN S'ACCOUTUME DE BONNE HEURE AU PÉRIL ET APPRENNE A LE BRAVER EN SE JOUANT !!

Or, Monsieur le Président, cette supposition n'est pas admissible, lorsqu'on voit :

D'abord, que les vingt-huit ministres qui ont eu le portefeuille de la Marine depuis 1822, ont été MM. Portal, Clermont-Tonnerre, Chabrol de Crousolles, Hyde de Neuville, prince de Polignac, baron d'Haussez, de 1822 à 1830 ; MM. Tupinier, appelé deux fois ; Sébastiani, Dargout, VA de Rigni, appelé trois fois ; VA Jacob, baron Charles Dupin, *huit jours* ; A Duperré, appelé trois fois ; A Roussin, appelé deux fois ; VA Rosamel, VA de Mackau, comte Montebello, de 1830 à 1848 ; et MM. Arago, Bastide, VA Casy, CA Verninac, comte Destutt de Tracy, de février 1848 à ce moment septembre 1849 (1) !!!

_____

(1) De 1814, époque de la dissolution des équipages entretenus, jusqu'en 1822, qu'ils ont été rétablis, le département de la Marine avait été confié à M. Jurien, *par intérim*, et ensuite à MM. le baron Malouet, le comte Ferrand, le comte Beugnot, le duc de Crès, *pendant les Cent jours ;* le comte Jaucourt, le vicomte Dubouchage, le maréchal de France Gouvion Saint-Cyr, le comte Molé et le baron Portal !! ce qui fait *dix* ministres, ajoutés aux VINGT-HUIT qui viennent d'être nommés, c'est-à-dire TRENTE-HUIT ministres que la Marine française a eus pendant les trente-cinq ans qui se sont écoulés depuis le renversement de l'empereur NAPOLÉON qui, pendant les douze années qu'il a régné, n'en a eu qu'*UN SEUL !!!!!*

Lorsqu'on voit ensuite qu'indépendamment *des vingt-huit ministres* qui viennent d'être nommés, et qui, en cette qualité, ont été présidents du Conseil d'amirauté depuis 1824, époque de sa création, ont été appelés à ce Conseil les QUARANTE-TROIS MEMBRES dont voici les noms : MM. les officiers-amiraux (1) Bergeret, Bougainville, Casy, Cuvillier, Daugier, Duperré, Dupetit-Thouars, Dupotet, Gourdon, Hugon, Jacob, Lalande, la Susse, le Coupé, Le Marant, prince de Joinville, le Ray, Mackau, Mallet, Massieu de Clerval, Missiessy, Rosamel, Roussin, Tréhouart, Verninac, Viela; — MM. les administrateurs supérieurs Boursaint, des Bassyns, Jubelin, Jurien, la Coudrays, Marec, Pouyer, Samson. Tupinier; — MM. les directeurs ou ingénieurs des constructions navales Boucher, Ch. Dupin, le Bas, Garnier; — MM. les capitaines de vaisseau Guillois, Vaillant, — et enfin MM. les capitaine de frégate de Plas, et lieutenant de vaisseau de Jonquières, en tout quarante-trois qui, avec les vingt-huit ministres, font SOIXANTE-ONZE PERSONNES!!!

Certes, Monsieur le Président, lorsque parmi tous ces ministres de la Marine, et tous ces membres du Conseil d'amirauté, on en compte un aussi grand nombre de distingués sous tous les rapports, et surtout d'aussi éclairés sur les intérêts de l'armée navale, il faut, pour que les vérités proclamées, ainsi que les principes établis par le Conseil d'Etat et le Sénat conservateur de l'Empire, relativement au recrutement des équipages entretenus aient été écartés (s'il ne faut pas dire méconnus) comme ils l'ont été jusqu'à ce jour, il faut, dis-je, en admettre *quelque cause secrète* qui ne peut probablement être

(1) J'ai cité ici les noms des membres qui ont fait partie de l'Amirauté *par ordre alphabétique,* attendu qu'il y en a plusieurs qui ont été nommés à différentes reprises, etc.

que celle indiquée par M. Hyde de Neuville, lorsqu'avant d'être ministre de la Marine, à la séance du 1er avril 1823, à la Chambre des Députés, il s'exprimait en ces termes dans la discussion du budget de la Marine :

« Ayons la franchise de le dire, il existe une puissance née de la Révolution, supérieure à vous, messieurs, *supérieure aux ministres ;* puissance d'autant plus dangereuse qu'elle est occulte et *qu'elle ressemble à ces gaz délétères* QU'ON NE CONNAÎT QUE PAR LEURS EFFETS MALFAISANTS ! !

» Cette puissance, que protégent les règlements, et SURTOUT CETTE CENTRALISATION, qu'elle regarde comme son chef-d'œuvre, parce qu'elle absorbe tout à son profit ; cette puissance, *C'EST LA BUREAUCRATIE !*

» Disons-le donc, LES HOMMES EN PLACE TOMBERAIENT DU CIEL QU'ILS NE POURRAIENT PAS ENCORE ÉCHAPPER A L'INFLUENCE DE CE POUVOIR ABSORBANT QUI DÉCONCERTE TOUS LES BONS PROJETS (1) ! »

Voilà, Monsieur le Président, *probablement* une des causes de l'opposition que le recrutement des équipages entretenus a éprouvée jusqu'à ce jour pour ne pas avoir lieu, conformément à celui que l'Empereur avait jugé convenable d'établir : et je dis *probablement une des causes,* parce que (dans mon opinion) il en est UNE AUTRE ENCORE PLUS PROBABLE qui est celle à laquelle j'ai déjà prétendu qu'on avait dû attribuer l'ordonnance royale du 10 mars 1814, qui abolissait l'institution des équipages entretenus (2).

En effet, Monsieur le Président, on ne peut contester que presque dans toutes les guerres qui ont

(1) J'ai cru convenable de citer ici toute entière cette opinion de M. le baron Hyde de Neuville, parce qu'il me semble que son objet (*la centralisation*) est celui mis à l'ordre du jour par un grand nombre de conseils-généraux des départements.

(2) Ci-devant page 24, lignes 12, 13 et 14 et la note relative.

eu lieu entre l'Angleterre et la France, et surtout
dans les dernières de ces guerres, une des principales causes de la supériorité que la marine anglaise
a eue sur la marine française, a été la PROMPTITUDE
avec laquelle la première de ces marines pouvait
commencer les hostilités, avant même que la seconde
pût seulement être en état de les repousser, et encore
bien moins de les commencer elle-même.

Or, Monsieur le Président, l'institution des équipages entretenus, lorsqu'elle sera ce que l'Empereur
avait voulu qu'elle fût, c'est-à-dire « UNE CRÉATION ET
UNE ORGANISATION DE NOUVELLES FORCES MARITIMES
POUR LA FRANCE (1), » non seulement aura détruit
de fond en comble cette cause de supériorité que la
marine anglaise avait eue sur la marine française,
mais encore LA DONNERA A LA MARINE FRAN-
ÇAISE SUR LA MARINE ANGLAISE.

Ce qui permettait à celle-ci d'être la première à la
mer, Monsieur le Président, c'était la facilité qu'elle
avait d'armer ses bâtiments de guerre, *au moyen de
la presse* qu'elle pouvait exercer, non seulement sur
tous les marins qu'elle trouvait dans ses ports, ainsi
que sur tous ceux qu'elle allait prendre à bord des navires du commerce, soit qu'ils fussent en armement,
ou armés, ou au moment de partir, soit même à
leur attérage sur les côtes d'Angleterre, mais encore
SUR TOUS LES INDIVIDUS QUELCONQUES dont ses officiers
autorisés à faire la presse pouvaient même s'empa-
rer de vive force (2), etc., de sorte que, en moins de

(1) Discours de M. l'amiral comte de Bougainville, au Sénat
conservateur, ci-devant page 20, lignes 28 et 29.

(2) Voici ce qu'on lit dans le journal de la marine anglaise,
The Naval chronicle, n° 24, f° 99, et dans l'ouvrage du capitaine de vaisseau Schomberg, intitulé : *The Naval chronology*,
vol. 2, page 310.

« Ce fut une mesure honnêtement suggérée au gouvernement
qui contribua à la sédition qui se déclara dans la flotte, en 1797.
Le pays *manquant de marins*, en 1795, on avait été obligé de

deux fois vingt-quatre heures, ses bâtiments de guerre étaient en état de courir sus aux navires du commerce français et de prendre tous les marins qui composaient leurs équipages, CE QUE LA FRANCE NE POUVAIT PAS FAIRE A L'ÉGARD DE L'ANGLETERRE.

Il n'est sûrement pas nécessaire, Monsieur le Président, que j'entre ici dans le détail des raisons qui s'y opposaient. Elles sont trop connues de quiconque est au courant des règlements de l'inscription maritime, relatifs à la levée des marins et à leur envoi au service, pour qu'on puisse contester que jusqu'à ce jour, *au moyen de la presse,* l'Angleterre a eu sur la marine française cette cause de supériorité que, dans les guerres futures entre l'Angleterre et la France, l'institution des équipages entretenus donnera, au contraire, à la marine française, et qui prouvera de plus en plus « *le caractère d'utilité publique,* DE FORCE ET DE PRÉVOYANCE *que portaient avec elles les vastes conceptions de l'Empereur* (1). »

Qu'une institution aussi précieuse pour la France, Monsieur le Président, et surtout aussi désavantageuse pour l'Angleterre ait été négligée, comme malheureusement cela n'est que trop arrivé sous le gouvernement des rois Louis XVIII, CHARLES X et LOUIS-PHILIPPE, on peut n'en pas être absolument surpris, quand on se rappelle combien ces rois ont été sous l'influence de l'Angleterre.

faire une loi qui forçait chaque comté et chaque port de mer de fournir pour la flotte un certain nombre d'hommes, auxquels on accorda, dans quelques endroits, *jusqu'à trente guinées* (environ 800 francs) d'engagement, et parmi lesquels se trouvèrent des petits marchands en faillite, de mauvais avocats sans clientèle, etc. Les comtés eurent ordre, le 25 mai, de fournir neuf mille trois cent soixante-quatre hommes, et, le 16 août suivant, les ports maritimes eurent un ordre semblable pour en fournir vingt mille trois cent cinquante!!! »

(1) Paroles du conseiller d'Etat Caffarelly, devant le Sénat conservateur, le 10 décembre 1810, citées ci-devant, page 16, lignes 7 et 8.

Mais, depuis que vous avez été appelé, Monsieur le Président, à la présidence de la République française par six millions de ses habitants, comment a-t-il pu se faire que cette institution semble n'avoir pas été un seul instant l'objet de votre sollicitude, ou seulement de votre attention ? Comment, Monsieur le Président, semblez-vous ne pas vous être rappelé une seule fois que dans les dernières lignes de votre précieux écrit, intitulé : *Des idées napoléoniennes,* vous vous étiez exprimé en ces termes :

« La période de l'empire a été GUERRE A MORT de l'Angleterre contre la France! L'Angleterre a triomphé; MAIS, GRACE AU GRAND GÉNIE CRÉATEUR DE NAPOLÉON, LA FRANCE, QUOIQUE VAINCUE, A MOINS PERDU QUE L'ANGLETERRE (1). »

Oui, sans doute, Monsieur le Président, *dans cette guerre à mort de l'Angleterre contre la France,* « LA FRANCE, » ainsi que l'avenir le prouvera de plus en plus, « A MOINS PERDU QUE L'ANGLETERRE, » puisque le génie créateur de NAPOLÉON lui a donné l'inappréciable institution des équipages entretenus qui, n'eût-ce été, Monsieur le Président, que par respect pour la mémoire de son créateur, aurait dû, sous votre présidence, je ne dirai pas *être perfectionnée,* car la lettre de l'Empereur au ministre de la Marine, en date du 11 février 1808, les discours prononcés par le conseiller d'État Caffarelli et par le sénateur Bougainville, et le décret impérial du 18 mars 1813 lui avaient donné toute la perfection dont elle peut être susceptible (2); mais je dirai,

(1) Conclusions napoléoniennes, publiées en Angleterre, en 1839.

(2) Dans sa lettre du 11 février 1808, l'Empereur voulait entretenir cinquante équipages de cinq cents hommes chacun, ce qui faisait vingt-cinq mille marins. Les discours de MM. Caffarelly et Bougainville faisaient connaître le mode et le moyen de recrutement qui convenait à cet entretien et le décret impérial de 1813 organisait ces équipages de manière *à ce qu'ils dussent* et

Monsieur le Président, aurait dû appeler assez votre attention pour vous déterminer à recommander expressément à monsieur le Ministre de la Marine d'exiger que le Conseil d'amirauté n'oubliant pas toujours que *dès l'année* 1825, monsieur de Chabrol en présentant le budget de la marine pour 1826, avait annoncé que cet objet était déjà soumis aux délibérations de ce conseil, ne reste pasplus longtemps sans proposer pour les équipages entretenus *un mode de recrutement* QUI NE SOIT PAS FOURNI PAR DES CONSCRITS DÉJA AGÉS DE VINGT ANS RÉVOLUS.

Je devrais peut-être craindre Monsieur le Président, que mon langage vous paraisse s'écarter des limites du respect qui vous est dû : mais ; si je me le permets, je vous en ai déjà fait connaître les raisons, lors qu'il y a quelques instants je vous ai entretenu *du Code pénal* dont l'armée navale a un si grand, ainsi qu'un si pressant besoin ; et maintenant Monsieur le Président, que j'appelle votre attention sur l'institution des Équipages entretenus, SUR CETTE NOUVELLE INSTITUTION qui pour l'existence et la prospérité de la marine française tant militaire que commerciale, fera plus d'honneur au règne de l'Empereur Napoléon qui l'a créée, que l'institution du régime des classes autrement dite l'inscription maritime si exaltée depuis son existence, n'en a fait au règne du grand roi Louis XIV, il m'est sans doute permis de prétendre que c'est vous-même, Monsieur le Président, qui m'avez fourni mes excuses, si j'en avais besoin, pour tenir ce langage, ou plutôt qui m'avez donné *le droit* de vous l'adresser.

D'abord, Monsieur le Président parce que le 15 Octobre 1848, lorsque daignant vous souvenir des écrits que j'avais antérieurement publiés pour faire

---

pussent suffire à bord des vaisseaux, aux trois services de la manœuvre, de l'artillerie et de la garnison !!

reconnaître les droits que l'Empereur Napoléon avait à la reconnaissance de la marine française, vous me fîtes l'honneur de m'accorder quelques moments d'une audience particulière, vous m'y donnâtes vous-même, Monsieur le Président, l'assurance (qui le lendemain me fut réitérée *de votre part* par M. le Commandant *Messonan*), que si vous parveniez au pouvoir, je pouvais compter sur vos dispositions à accueillir favorablement mon projet d'une institution navale gratuite en faveur des enfants de Paris, dont les parents ne sont pas favorisés de la fortune; lequel projet, que je vous demandais la permission de publier sous vos auspices, tendait à donner aux équipages entretenus *un recrutement* conforme à celui que le Sénatus consulte de **1810**, avait reconnu et avait déclaré devoir être adopté. (1)

Secondement parceque depuis votre avénement à la présidence de la république, Monsieur le Président, dans le but de rappeler à votre souvenir cette assurance qui m'avait été d'autant plus précieuse qu'elle m'avait fait espérer que non seulement *que le moment était arrivé pour moi de recueillir le fruit des immenses, que je pourrais peut-être, sans trop d'orgueil, dire précieux travaux, dont je n'ai point cessé depuis près de quarante ans, de m'occuper dans l'intérêt de la marine française,* mais encore que je pourrais vous être de quelque utilité, à vous même, Monsieur le Président, *pour prendre votre part* dans la précieuse institution dont il s'agit, j'avais plusieurs fois

(1) Ce projet, qui, chaque année, s'il était adopté, devrait fournir aux équipages entretenus un recrutement de seulement cent cinquante marins parvenus à l'âge de dix-huit ans *après être entrés dans l'école à l'âge de dix ans,* et y être restés pendant huit années dont alternativement quatre dans l'école à terre et quatre embarqués, devait être L'ESSAI d'un moyen de recrutement destiné à fournir par la suite des temps celui annuel de **DEUX MILLE MARINS** procurés de la même manière.

pris la liberté de vous demander une audience particulière, à l'égard de laquelle il m'a été répondu, soit
par un officier de votre maison, soit par un secrétaire de votre cabinet, que vos occupations ne vous
permettaient pas de m'accorder ma demande dont
le refus n'était sûrement pas un témoignage de l'estime ou de la sympathie qu'en 1842, vous m'aviez
fait dire que je vous avais inspirée. (1).

Troisièmement, Monsieur le Président, parce que
le 16 Novembre de l'année 1848, j'avais eu l'honneur
de vous adresser le manuscrit d'un petit travail qui
avait pour but, non seulement de prouver, d'abord
aux journalistes anglais qui l'avaient annoncé, et
aux journalistes français qui l'avaient répété, (*qu'il
n'était pas vrai que si vous étiez nommé à la présidence
de la République, la guerre avec l'Angleterre s'ensui-
vrait*) ; mais encore de prouver (QU'AUJOURD'HUI L'AN-
GLETERRE N'AURAIT AUCUN INTÉRÊT A DÉCLARER LA GUER-
RE A LA FRANCE, ET QUE SON PROPRE INTÉRÊT
COMMERCIAL S'Y OPPOSERAIT).

Quatrièmement, Monsieur le Président, parcequ'un peu plus tard, au moment des Élections pour
la présidence de la République, j'avais remis à M.
le chef de votre cabinet particulier le manuscrit d'un
autre petit travail, dans lequel je prouvais aux marins soumis à l'inscription maritime et aux armateurs
des navires du commerce, qu'il était de leur intérêt
aux uns aussi bien qu'aux autres de vous appeler à
cette Présidence, parcequ'ils ne devaient pas douter
de vos dispositions favorables à l'institution des équipages entretenus, qui était pour ces marins comme
pour ces armateurs une institution bien supérieure
à celle de l'inscription maritime, puisque dès qu'elle
sera, (ce que l'Empereur avait voulu qu'elle fût et
ce qu'il est très possible qu'elle soit), *une création et*

(1) Voir la lettre citée ci-devant page 5.

une organisation de forces maritimes pour la France(1), il ne sera plus nécessaire, *en temps de paix*, d'appeler les marins soumis à l'inscription maritime au service des bâtiments de guerre dont l'armement serait nécessaire.

Cinquièmement, Monsieur le Président, non seulement parce que ces deux écrits *qui, étaient rédigés tout-à-fait dans votre intérêt personnel* n'ont pas été mieux accueillis que ne l'ont été mes demandes réitérées d'une audience particulière ; mais encore et principalement *parce qu'en ma qualité de Français,* je crois qu'il est de mon devoir envers la France, de vous affirmer que, quel que puisse être à l'avenir la forme du gouvernement, soit républicain, soit monarchique qu'elle aura, et quelque puisse être *le Français* qu'elle appellera à être chargé du Pouvoir exécutif de ce gouvernement, elle ne tolérera plus que *ni la bureaucratie ministérielle de la marine,* NI L'INFLUENCE DE L'ANGLETERRE s'opposent à ce que l'institution des équipages entretenus créée par l'empereur NAPOLÉON soit pour la France LA FORCE MARITIME dont Sa Majesté avait conçu le plan de création et d'organisation.

Sixièmement enfin, Monsieur le Président, et je n'hésite pas à vous le déclarer, si je tiens ici ce langage, ce n'est pas seulement parce que je crois que vous m'en avez donné le droit par la distance à laquelle depuis votre avénement à la Présidence de la République, vous m'avez tenu de votre personne ; mais c'est parce qu'il me semble que vous m'y avez obligé par l'accueil que vous ne cessez de faire à des personnes qui ne craignent pas *d'outrager* la mémoire de l'empereur Napoléon jusqu'à prétendre et publier hautement, non pas seulement QU'IL AVAIT NÉ-

(1) Voir le discours de M. le sénateur comte de Bougainville, ci-devant cité page 20, lignes 28 et 29.

GLIGÉ la marine, mais, même QU'IL L'AVAIT SA-
CRIFIÉE à sa prédilection pour l'armée. (**1**).

Voilà Monsieur le Président, pourquoi je tiens,
dans cet écrit, le langage que je vous y adresse et les
motifs qui me semblent m'en donner le droit.

———————

Je passe, Monsieur le Président, à vous entretenir
de la troisième des principales institutions nécessai-
res à l'existence de la marine française, et qui est celle
d'un conseil placé auprès du ministre de ce département,
COMPOSÉ DE PERSONNES NON SEULEMENT ASSEZ ÉCLAIRÉES
SUR LES BESOINS AINSI QUE SUR LES INTÉRÊTS DE L'ARMÉE
NAVALE, POUR POUVOIR DONNER A CE MINISTRE AU MOINS
DE BONS AVIS RELATIFS A CES BESOINS AINSI QU'A CES
INTÉRÊTS, MAIS SURTOUT PLACÉES DANS UNE
POSITION INDÉPENDANTE DU MINISTRE.

Je tiens Monsieur le Président, à appeler votre attention sur cette institution, par les raisons que voici :

D'abord, parce que je veux vous prouver que non
seulement l'empereur NAPOLÉON *avait apprécié comme
elle doit l'être, la nécessité d'une pareille institution,*
MAIS ENCORE QU'IL EN AVAIT DOTÉ LA MARINE FRANÇAISE !

Secondement, parce qu'en vous présentant ces
preuves, Monsieur le Président, elles me donneront
les moyens de vous faire connaître non seulement
combien il y a de différence entre la création ainsi

———

(3) Expressions consignées dans le numéro 3 du journal *l'Écho
de la marine,* publié sous les auspices de M. Ch. Dupin qui y
est annoncé comme étant le premier et le principal collaborateur
en ses qualités, y est-il dit, de membre du conseil d'amirauté.
d'inspecteur général du génie maritime et de représentant de la
Seine inférieure à l'Assemblée Législative où (aurait-il pu ajouter dans son journal,) il est membre de la Commission chargée de
faire une enquête parlementaire sur la marine ! ! !

Le 30 Novembre dernier j'ai informé M. le Président de la république *de cette atteinte portée à la réputation de l'empereur Napoléon* en lui adressant la lettre annéxée à la fin de cet écrit.

que la composition de ce Conseil, tel que l'Empereur l'avait créé et composé, et la création ainsi que la composition de celui qui l'a remplacé sous le titre actuel de *Conseil d'Amirauté* ; mais encore combien cette dernière création et cette dernière composition *sont vicieuses*, s'il ne faut pas même dire SONT CONTRAIRES AU BUT QU'ELLES DOIVENT ATTEINDRE ! ! !

Troisièmement, Monsieur le Président, parce que j'espère que les détails dans lesquels je vais entrer à l'égard du Conseil de marine créé par l'Empereur, *et du Conseil d'amirauté qui l'a remplacé* vous feront reconnaître, je ne dirai pas par respect pour vous, qu'il était de votre devoir, mais je me permettrai, pour les intérêts de la marine française, de prétendre qu'il était en votre pouvoir, depuis que vous avez été appelé à la présidence de la république, d'organiser et de composer le conseil d'amirauté actuellement existant, de manière à ce que cette institution puisse remplir la destination pour laquelle l'Empereur avait donné à la marine française un conseil près le ministre de ce département.

Voici, Monsieur le Président, le décret rendu par l'Empereur le 24 Juillet 1810 :

DÉCRET RELATIF A LA CRÉATION D'UN CONSEIL DE MARINE.

Au Palais de Saint-Cloud, 24 *Juillet* 1810.

TITRE PREMIER.

CRÉATION D'UN CONSEIL DE MARINE.

ART. 1ᵉʳ. Il y aura près de notre ministre de la marine un conseil de marine composé de *quatre conseillers d'état*, et un auditeur ou maître des requêtes faisant les fonctions de secrétaire général.

ART. 2. Le Conseil de marine se réunira toutes les fois que notre ministre de la marine le convoquera, *et au moins une fois par semaine.*

Art. 3. Les procès verbaux rédigés par le secrétaire général SERONT TRANSMIS A NOTRE MINISTRE SECRÉTAIRE D'ÉTAT POUR NOUS ETRE SOUMIS.

TITRE DEUX.

ATTRIBUTIONS DU CONSEIL.

Art. 4. On discutera à ce Conseil tous les marchés et les affaires de comptabilité, marchés approvisionnements, et tout ce qui est relatif à la formation et à l'équipement de nos escadres.

Art. 5. Le Conseil n'a que voix consultative, et notre ministre de la marine, après l'avoir entendu, fera ce qu'il jugera le plus conforme au bien de notre service.

Art. 6. Chaque objet sera mis en délibération, discuté, et l'avis des membres sera consigné au procès-verbal ; ils pourront même rédiger eux-mêmes leur opinion, et en faire insérer la rédaction au procès-verbal.

Si un membre du Conseil avait un avis à ouvrir sur une question de personnel, de matériel, de finance ou autre objet qui intéresserait le service de la marine, il pourra le faire insérer au procès-verbal, au commencement de la séance.

TITRE TROIS.

DES ATTRIBUTIONS DES MEMBRES DU CONSEIL.

Art. 7. Les conseillers d'Etat, membres du Conseil auront en outre sous leur direction particulière :

L'UN, l'organisation, les revues, la solde et la comptabilité de nos bataillons de marine et de tous les équipages de nos bâtiments ; — la situation et les mouvements de l'inscription maritime ; — la solde de tous les entretenus et non entretenus de la marine ; — la caisse des invalides, les prises, les prisonniers de guerre.

LE SECOND, aura les constructions et radoubs ; —

les travaux hydrauliques et les bâtiments civils ; — les salaires des ouvriers, — les marchés par entreprise générale, et pour main d'œuvre ; — la police de la navigation et de la pêche ; — les chiourmes.

LE TROISIÈME, aura les marchés pour approvisionnements ; — le transport des munitions et marchandises ; — le martelage et l'exploitation des bois ; — les manufactures et forges ; — la comptabilité des approvisionnements tant en matière qu'en deniers.

LE QUATRIÈME, aura les vivres, — les hôpitaux, — la comptabilité générale des fonds.

Chacun desdits conseillers devra travailler *chaque jour* avec notre ministre de la marine sur toutes les parties confiées à sa direction.

ART. 8. Notre ministre de la marine est chargé etc.

Le même jour, 24 Juillet 1810, l'Empereur rendit le décret suivant,

DÉCRET PORTANT NOMINATION DES MEMBRES DU CONSEIL DE MARINE

Au Palais de Saint-Cloud, le 24 Juillet 1810.

ART. 1ᵉʳ. Les Conseillers d'état comte Gantheaume, baron Malouet, comtes Caffarelly et Najac, sont nommés membres du Conseil de marine établi par notre décret de ce jour.

ART. 2. Le comte Gantheaume, aura le département de la 1ʳᵉ partie de l'article 7 dudit décret.

Le baron Malouet de la deuxième partie.

Le comte Caffarelli de la troisième partie.

Et le comte Najac de la quatrième partie.

ART. 3. Notre ministre. etc.

Enfin le 31 Août, l'Empereur rendit le décret suivant *concernant le traitement des membres du Conseil de marine.*

ART. 1ᵉʳ. Le traitement des membres du Conseil

www.ingramcontent.com/pod-product-compliance
Lightning Source LLC
Chambersburg PA
CBHW050523210326
41520CB00012B/2417